$L_{n.}^{27}$ 19667.

TRAVAUX

ET

FONDATIONS DE CHARITÉ

Du P. Hilarion TISSOT,

FRÈRE HOSPITALIER.

PARIS, TYPOGRAPHIE DE PLON FRÈRES,
36, rue Vaugirard.

TRAVAUX

ET

FONDATIONS DE CHARITÉ

DU

P. H^{on} TISSOT,

FRÈRE HOSPITALIER.

Que votre lumière luise de même devant les hommes, afin que, voyant vos bonnes œuvres, ils en rendent gloire à votre Père qui est dans le ciel. (S. MATTH., ch. 5.)

—

PRIX : 50 CENTIMES,
Au profit des vieillards indigents et sans asile.

—

SE VEND A PARIS,

CHEZ MICHEL CRAVIOLA, ÉDITEUR,
Rue Servandoni, 5, près Saint-Sulpice.

TRAVAUX

ET

FONDATIONS DE CHARITÉ

Du P. Hilarion TISSOT,

FRÈRE HOSPITALIER.

> Heureux celui qui est attentif sur
> les besoins du pauvre et de l'in-
> digent ! (Ps. 41.)

Nous sommes du nombre des plus anciens compagnons des travaux du P. Hilarion Tissot ; nous l'avons suivi, nous l'avons
aidé dans ses travaux d'humanité et de charité. L'un de nous est avec lui depuis plus
de trente ans ; il a été témoin oculaire des
faits que nous allons rapporter, lesquels
sont d'ailleurs connus dans toute la France
par des milliers d'autres témoins.

Le P. Hilarion Tissot (Joseph-Xavier)
naquit dans le département de Vaucluse.
Son père fut notaire et ensuite juge au tri-
bunal civil d'Avignon. Ses deux frères, à
peine sortis de l'enfance, furent membres

de l'Athénée de Vaucluse, de la Société littéraire de Carpentras et de plusieurs autres académies. Ils ont laissé des ouvrages estimés : l'un d'eux, Alexandre-Pascal Tissot, est le traducteur du *Code de Justinien*; tous les deux figurent honorablement dans le *Dictionnaire biographique des hommes célèbres du département de Vaucluse,* publié il y a quelques années.

Lorsque le P. Hilarion Tissot fut suscité par la divine Providence pour secourir les pauvres atteints d'aliénation mentale, il était encore élève à l'École de médecine de Paris : il avait passé sa première jeunesse dans les études du notariat et du barreau.

Ce fut en 1814 qu'il renonça définitivement au monde et à toutes les vanités d'icibas, pour servir Dieu et secourir les aliénés pauvres. Nous ne parlerons point ici des prodiges qui déterminèrent sa vocation, ni de ceux qui l'ont accompagné et encouragé dans ses travaux. Nous ne traçons ici qu'un tableau abrégé et incomplet de ses fondations et de ses bonnes œuvres. Lui-même publiera incessamment des mémoires plus étendus.

Le P. Hilarion Tissot ne se glorifie point; il sait mieux que personne que, dans l'accomplissement des grandes œuvres de charité, l'homme n'est que l'instrument de la bonté et de la puissance divine. Mais *il est honorable de révéler et publier les œuvres de Dieu.* (Job, XII.)

En 1814, lorsque le P. Hilarion Tissot commença ses travaux de charité, les aliénés pauvres se trouvaient partout dans l'état le plus lamentable. Pour en être convaincu, il ne faut que jeter les yeux sur l'ouvrage d'un médecin célèbre qui écrivait à cette époque :

« J'ai visité, dit-il, des hospices d'aliénés, situés près des rivières, dans des terrains marécageux et bas, où l'air était toujours humide, près des égouts ou dans le voisinage de vastes hôpitaux où des milliers de malades étaient ramassés et infectaient l'air... Tantôt les cellules ressemblent à des étables; les latrines en sont souvent trop près, mal construites et produisent une infection continuelle ; tantôt il n'y a pas de cours, ou elles sont petites, entre les bâtiments, ou même encombrées d'ordures. J'ai vu des malades exposés à l'ardeur du soleil, sans abri, ou entourés de murs très-hauts, de sorte qu'aucun rayon du soleil ne pouvait les atteindre.

» En considérant le traitement des malades, il est impossible de rester indifférent sur les fautes qu'on commet à cet égard. La chose la plus simple, et qui est d'une nécessité absolue, c'est-à-dire la séparation des malades, est négligée. Les furieux et les mélancoliques, les impérieux et les timides, les bruyants et les sérieux, les malicieux et les pieux, les propres et les malpropres, les guérissables, les convalescents et les incurables sont ensemble : tout est chaos et confusion ; dans la même chambre on trouve le maniaque enchaîné entouré de mélancoliques. Quelquefois les deux sexes vivent ensemble ; *des femmes aliénées sont devenues enceintes.* Quand on sépare les malades, on le fait d'après ce qu'ils payent.

9

» J'ai vu des fous *enchaînés et ac-croupis près de la grille d'entrée, ou près des fenêtres de leur loge, comme des animaux féroces dans des cages.* J'en ai rencontré dans des maisons d'industrie, confiés à des surveillants qui n'ont pas la moindre notion du traitement nécessaire pour de tels malades. Si ces malheureux sont furieux, on les attache sur leur lit; s'ils ne font qu'ennuyer les autres personnes qui habitent ces établissements, ou s'ils ne sont que l'objet de la risée des enfants, on se contente de les enfermer, et on en met dans une chambre autant qu'elle peut en contenir et plusieurs dans un lit.

» J'en ai rencontré dans les maisons de correction et dans les prisons, renfermés dans des cellules obscures, humides et malpropres, *séparés de tout être vivant,* tandis que les criminels étaient à leur aise autour du feu. Quelques gardiens paraissent avoir toutes les qualités nécessaires pour surveiller une prison; mais ils n'entendent rien aux soins à donner aux aliénés : aussi faisaient-ils plus d'attention aux plaintes des criminels qu'à celles des malheureux fous, peut-être par crainte de la justice qui défend la cause des malfaiteurs, tandis que les aliénés sont abandonnés et livrés à un traitement cruel et tout à fait arbitraire.

» J'ai trouvé de ces infortunés *dans des cachots, nus et exposés à toutes les intempéries des saisons.* J'avoue que je suis sorti de beaucoup de maisons de fous, indigné de notre ignorance et de voir traiter les aliénés plus mal que les criminels. Quiconque a examiné la situation déplorable de ces infortunés et sait que les établissements de cette nature ne sont ordinairement que des maisons de réclusion, où l'on renferme souvent les aliénés pour s'en débarrasser, et que le traitement est plus propre à produire la folie ou à empêcher la guérison qu'à la seconder ; quiconque, dis-je, aime son prochain et a pitié des malheureux ne restera pas indifférent à une conduite si criminelle.

» C'est une chose affreuse que de renfermer les aliénés dans les prisons ! Quel tourment pour quelqu'un qui peut réfléchir sur sa situation ! Un aliéné qui s'imagine être persécuté par la justice sera confirmé dans sa folie. Les galeux et les syphilitiques ne sont jamais confondus avec les criminels : on bâtit pour eux des hospices particuliers; pourquoi n'aurait-on pas la même considération pour les aliénés, qui sont souvent victimes des sentiments les plus nobles ?

» La chose la plus abominable, c'est que dans quelques pays les malfaiteurs qui ont troublé la paix de la société vivent dans des palais, ont des cours pour se promener et jouer, des appartements chauffés, de l'eau fraîche dans les cours, des bains froids et tièdes, et tout ce qui tient à l'agrément et à la propreté; tandis que les malheureux aliénés, qui méritent notre pitié, sont couchés sur de la paille ou dans les ordures, exposés à toutes les intempéries des saisons et du temps, livrés à la discrétion du concierge, et moins soignés qu'un cheval et une bête sauvage. Certes, quiconque peut contribuer à abolir de pareils abus est obligé de le faire pour satisfaire à sa conscience. » (*Observations sur la folie*, par G. Spurzheim.)

Voilà ce que publiait un médecin de l'époque, et ce qu'il rapporte n'est certainement pas exagéré.

On s'imagine que les aliénés ne souffrent point. On se trompe. Le plus souvent chez eux la sensibilité physique est portée à un degré extrême, et leurs souffrances morales sont inconcevables. On disait autrefois *souffrir comme un possédé,* et rien n'est plus vrai que ce proverbe.

Les infortunés atteints de folie, étant privés de l'usage de leurs facultés intellectuelles et de leur libre arbitre, injurient, frappent les personnes qui leur portent le plus d'intérêt et qui les servent avec le plus de zèle et de charité. La vie, avec eux, est toujours en péril.

L'œuvre de charité en faveur des pauvres aliénés était donc en France la plus urgente, la plus difficile, la plus périlleuse à accomplir? En effet, comment trouver des personnes assez charitables et dévouées à Dieu et aux pauvres pour renoncer à tout dans le monde, pour se dévouer, au péril de la vie, à servir gratuitement et jusqu'à la mort les malheureux aliénés? Comment, sans un miracle très-évident de la puissance divine, le P. Hilarion Tissot aurait-il pu déterminer de telles vocations? C'est cependant ce qu'avec l'aide de Dieu il a accompli avec un immense succès. Des prêtres zélés et pieux, des officiers et des soldats, des hommes de tout état, de toute condition, des filles pieuses et charitables et en grand nombre, renoncèrent au monde, à leurs parents et à leur pays pour s'enrôler dans la milice hospitalière du P. Hilarion Tissot.

Ce fut vers la fin de 1814 que ce zélé fondateur commença la fondation d'un premier hospice d'aliénés et d'un premier noviciat préparatoire de frères hospitaliers de Saint-Jean-de-Dieu dans un domaine lui appartenant.

Le 2 février 1819, il se rendit à Marseille avec deux de ses frères hospitaliers, et fonda une congrégation de frères de Saint-Jean-de-Dieu pour le service des hôpitaux de cette grande ville. A l'exemple de tous les saints fondateurs, il mit lui-même la main à l'œuvre, et fit auprès des malades et des mourants ce qu'il y avait de plus difficile et de plus périlleux. Il s'attacha de préférence à servir les malades atteints de maladies graves, mortelles et contagieuses, dont les médecins n'osaient pas même approcher. C'est dans cette congrégation qu'il reçut d'abord au nombre des frères M. de Magallon, officier militaire, et dont le frère aîné était alors commandant du fort Saint-Nicolas. Cette congrégation hospitalière fit beaucoup de bien. Elle a duré douze années, et n'a fini que par la mort du frère Augustin et des principaux frères qu'il y avait laissés.

Il fonda ensuite la congrégation des frères de Saint-Paul-Trois-Châteaux (Drôme) pour les écoles gratuites des enfants pauvres; il ouvrit lui-même l'école de Saint-Paul-Trois-Châteaux. Il fit lui-même la leçon aux petits enfants, avec le frère François Vissac, qui est avec lui depuis plus de trente ans. Il acheta et paya la portion de l'ancien couvent des Dominicains, qui était à vendre, et y plaça l'école et le noviciat des frères. Après cette fondation, il s'empressa de se porter dans le département de la Lozère pour y secourir les pauvres aliénés. Il fut remplacé à Saint-Paul-Trois-Châteaux par M. l'abbé Mazellier, lequel continua la fondation avec beaucoup de constance et de travaux. Enfin la congrégation, se trouvant nombreuse et autorisée par le gouvernement, les frères Maristes et les frères de Viviers, qui ne l'étaient pas, s'y sont incorporés.

Le P. Hilarion Tissot fonda en 1821, dans le département de la Lozère, au Chayla-Danse, un hospice de Saint-Jean-de-Dieu pour les hommes aliénés, qu'il transféra quelques années après au château de Champagneu, près Lyon.

Il fonda dans le même département, à Saint-Alban, un autre hospice pour les femmes aliénées. Les pauvres aliénés, hommes et femmes, se trouvaient auparavant enfermés dans les prisons.

Il fonda et ouvrit les écoles gratuites de Mende, de Saint-Chely et de Saugues pour les enfants pauvres.

Il rétablit l'institut des frères hospitaliers de Saint-Jean-de-Dieu, qui avait été entièrement aboli par la révolution de 1789. Fondateur et premier supérieur général de la congrégation existante et des hospices qu'elle possède, il appliqua tous ses frères de Saint-Jean-de-Dieu au service des pauvres aliénés.

Il fonda la compagnie des missionnaires diocésains de Mende.

Il fonda la congrégation des sœurs hospitalières de Saint-Alban pour le service des femmes aliénées.

Il fonda à Arzenc (Lozère) une congrégation de sœurs pour l'instruction des filles pauvres.

Il fonda à Veyreau (Aveyron) une autre congrégation de sœurs de Saint-Joseph pour le même objet.

Il fonda près Lyon, au château de Champagneu, le bel hospice de Saint-Jean-de-Dieu pour les hommes aliénés ; l'hospice Saint-Lazare, à Bourg-en-Bresse, pour le même objet; l'hospice Sainte-Madeleine, dans la même ville, pour les filles et femmes aliénées.

Lorsque, sur la demande de monseigneur Devie, évêque de Belley, le P. Hilarion Tissot se rendit à Bourg, les pauvres aliénés des deux sexes se trouvaient enfermés dans des cabanons humides et malsains, que l'on avait construits dans une cour du séminaire de Brou. Le conseil-général du département vota une somme de 25,000 francs et un ancien couvent de Lazaristes pour la fondation de l'hospice des hommes aliénés ; mais, quant à celui des femmes, le conseil-général n'ayant rien pu voter, le P. Hilarion Tissot le fonda entièrement à ses frais.

Il fonda à Paris l'établissement des frères hospitaliers de Saint-Jean-de-Dieu, qui, depuis, s'est transformé en un bel hospice dans la rue Plumet.

Il fonda l'hospice d'aliénés de l'Homelet, près Lille en Flandre ; il fonda, en 1830, l'hospice de Clermont - Ferrand pour les femmes aliénées; en 1831, celui de La Cellette (Corrèze) pour les hommes aliénés; et en 1837, celui de Leyme (Lot) pour les aliénés des deux sexes.

Il engagea l'abbé Chiron, qui s'était démis de sa cure pour être frère de Saint-Jean-de-Dieu, à fonder l'hospice d'aliénés de Privas (Ardèche). Mais cet hospice n'a pu être terminé que par le moyen des revenus des hospices de La Cellette et de Clermont-Ferrand.

Il détermina l'envoi dans le département des Côtes-du-Nord d'un de ses plus anciens frères hospitaliers, le frère Régis Berlaët, pour fonder l'hospice d'aliénés de Saint-Aubin, depuis transféré près Dinan.

Sur la demande de M. le comte de Castellane, préfet du Finistère, il dirigea la construction de l'hospice d'aliénés de Quimper; il fit abattre les cellules meurtrières que l'on y avait déjà construites; il organisa et établit dans cet hospice, avec plusieurs de ses frères hospitaliers, un bon traitement moral et un service charitable pour les aliénés. Lorsqu'il arriva en Bretagne, les pauvres aliénés se trouvaient, les uns dans les prisons, les autres dans les hôpitaux, enchaînés par une jambe aux pieds de leurs lits.

Sur la demande de M. le préfet du Gers, il envoya de Paris à Auch six de ses sœurs hospitalières pour le service de l'hospice départemental d'aliénés. — Avant l'arrivée de ces sœurs, le service, la nourriture, l'habillement des infortunés aliénés, étaient mis chaque année aux enchères au rabais.

En 1837, et sur la demande de M. le vicomte Dejean, préfet du Puy-de-Dôme, il reçut dans son hospice de La Cellette tous les hommes aliénés qui se trouvaient entassés dans le dépôt insalubre de Riom.

Le P. Hilarion Tissot a publié un grand nombre d'écrits, de mémoires, de journaux qui ont fait améliorer partout le sort des malheureux aliénés, qui ont fait abolir pour eux l'usage des chaînes, des cellules, des loges, des cabanons et des prisons, qui rendaient les aliénés incurables ; qui ont fait substituer aux traitements cruels et barbares qu'on leur infligeait, les bons soins et les consolations de la charité religieuse ; et pour cela le P. Hilarion Tissot a prêché de paroles, d'écrits et d'exemples.

Un grand nombre de conseils-généraux votèrent de lui confier les aliénés de leurs départements, et les préfets s'empressèrent de toutes parts de les lui envoyer. Il a fondé sous tous les gouvernements et a reçu les aliénés de tous les pays, de toutes les religions et de toutes les opinions, soit gratuitement, soit avec des pensions très-modiques ; il a retiré ou fait retirer des prisons et des loges d'hôpitaux, pires que les prisons, des milliers de pauvres aliénés ; il en a traité un très-grand nombre et a obtenu de Dieu de nombreuses guérisons ; il a déterminé, nous le répétons, une multitude de personnes de tout sexe, de toute condition, des prêtres et des militaires, des savants et des ignorants, des riches et des pauvres, à renoncer au monde pour se consacrer généreusement, par principe de charité et pour toute la vie, au service périlleux et gratuit des pauvres aliénés ; il les a tous reçus suivant les conseils de l'évangile, c'est-à-dire sans fortune, sans dot, sans pension, sans trousseau, et il a toujours fourni à leur subsistance et à leur entretien; il employa ses travaux de dix ans et toute sa fortune et son patrimoine à rétablir l'ordre de Saint-Jean-de-Dieu. Non-seulement il dépensa tout ce qu'il possédait, mais encore il a souvent exposé sa tranquillité, sa liberté, en contractant personnellement des dettes pour donner du pain aux pauvres, à l'exemple des saints fondateurs canonisés.

En 1822, la grêle ayant détruit la récolte du blé au Chayla-Danse, le P. Hilarion Tissot fit distribuer chaque jour la nourriture à plus de vingt-cinq pauvres habitants du village, depuis le commencement de l'hiver jusqu'au mois d'août de l'année 1823.

En 1830, en Auvergne, et pendant plusieurs années, il fournit du travail continuellement à plus de cent ouvriers imprimeurs, relieurs, papetiers et autres sans distinction d'opinion ni de religion. Il établit à Clermond-Ferrand une propagation de bons livres dont les profits lui servirent à faire construire l'hospice de La Cellette, à fonder l'hospice d'aliénées de Clermont-Ferrand et à retirer les pauvres aliénés des prisons.

En 1815, les trappistes d'Aiguebelles (Drôme), arrivant de la Suisse, dénués de tout et dans une pauvreté extrême, s'étaient chargés d'un bon nombre d'enfants naturels et d'orphelins auxquels ils apprenaient l'agriculture et des métiers utiles. Le P. Hilarion Tissot vint à leur secours, fit la quête pour eux et leur recueillit beaucoup de blé pour se nourrir et assez d'argent pour s'habiller, se meubler, et racheter le moulin de l'ancien monastère qui se trouve à proximité : il est regrettable que depuis lors les trappistes d'Aiguebelles, étant devenus très-riches par les aumônes de la charité publique, aient renvoyé ces pauvres enfants et abandonné une œuvre de charité si utile.

Cependant les trompeurs, les escrocs, les voleurs, dont le monde est maintenant rempli, ont partout abusé de la bonté, de la charité et de la confiance du P. Hilarion

Tissot ; et, en lui enlevant le patrimoine de ses pauvres, le fruit de ses travaux et de son industrie, ils l'ont souvent mis dans l'impossibilité de satisfaire à ses engagements légitimes : il a été volé continuellement par des escrocs et des voleurs de toutes les classes et de tous les habits. On lui a volé jusqu'à sa bibliothèque : un misérable à qui il avait donné du travail et rendu mille services, la lui a volée légalement, aidé de plusieurs complices, par une série d'abus de confiance et d'escroqueries d'une audace et d'une scélératesse inouïes.

Depuis plus de trente ans que le P. Hilarion Tissot s'est dévoué à secourir les infortunés atteints de folie, il a toujours mené volontairement une vie pauvre et souffrante. Dans tous les hospices qu'il a fondés, il n'a jamais eu de lit, ni de chambre à coucher : il a toujours passé les nuits, au péril de sa vie, assis sur une chaise au milieu des infirmeries ou des malades les plus désespérés ou auprès des aliénés les plus furieux. Souvent il a été battu et blessé, et plusieurs fois il a failli être tué. Lorsqu'il fonda la Congrégation hospitalière de Marseille, il passait les nuits assis sur une chaise, au milieu de la salle des fiévreux, à l'hôpital Saint-Esprit.

Sa vigilance et sa charité envers les malades, et surtout envers les pauvres aliénés, ont toujours été extrêmes. Aussi n'y a-t-il jamais eu aucun suicide dans ses hospices, pendant tout le temps qu'ils ont été sous sa direction. Tout le monde sait néanmoins que les suicides sont très-fréquents chez les aliénés.

Nonobstant ses veilles, ses travaux et son activité incessante, sa nourriture s'est presque toujours bornée au pain et à l'eau. Quelquefois il y ajoute des légumes sans apprêt ou des racines crues. En voyage, il accepte parfois les aliments qu'on lui présente, afin de ne pas contrister les personnes charitables qui l'invitent. Quant aux vête- ments, il ne possède jamais que le pauvre habit qu'il porte sur lui. Au surplus, il pratiquera constamment la sainte pauvreté évangélique : il ne possédera jamais plus ni meubles, ni immeubles, soit réellement, soit nominativement. Tout en secourant les pauvres les plus délaissés, il veut lui-même vivre et mourir dans la plus extrême pauvreté.

Avec de telles dispositions et de telles habitudes, on pense bien qu'il n'a jamais aimé les honneurs, les dignités, ni les richesses, et qu'il les a fuis avec autant de soin que les autres les convoitent et les recherchent. Ayant été obligé d'accepter les fonctions de supérieur-général en France des frères hospitaliers de Saint-Jean-de-Dieu, dont il était le fondateur, fonctions qui, dans la hiérarchie de l'Église, lui donnaient rang d'archevêque, il donna sa démission sitôt qu'il eut formé des sujets capables de le remplacer dans l'administration et la direction, et qu'il eut établi des revenus suffisants pour les hospices déjà fondés. Dès lors il s'occupa à fonder d'autres hospices et d'autres congrégations hospitalières, afin de multiplier les secours.

Comme tous les saints fondateurs, le P. Hilarion Tissot n'a jamais été sans persécution. Les méchants, les hommes d'orgueil et d'envie, ceux-là même qui lui doivent tout, se sont déchaînés sans cesse contre lui parce que ses œuvres condamnent leurs œuvres. Les escrocs, les voleurs qui ont abusé de sa confiance et de son extrême bonté, tous ceux qui l'ont indignement dépouillé, se sont partout et sans cesse efforcés de le calomnier pour atténuer les vols dont ils se sont rendus coupables envers lui.

Dieu l'a permis ainsi, afin que le bon fondateur n'ait point sa récompense en ce monde et que tous soient bien convaincus que les fondations charitables qu'il a faites, les grandes œuvres qu'il a accomplies au milieu des obstacles et des persécutions, furent le résultat d'une mission spéciale du Tout-Puissant, qui est l'auteur de tout bien et qui se sert ordinairement des instruments les plus faibles et les plus simples pour opérer de grandes œuvres. Au surplus, il n'est point douteux que l'œuvre en faveur des pauvres et malheureux aliénés était une entreprise qui surpassait les forces humaines : elle était aussi la plus périlleuse, la plus difficile, la plus urgente, la plus nécessaire qui se fût jamais présentée à la charité chrétienne. Par la volonté et la puissance de.Dieu, le P. Hilarion Tissot l'a accomplie avec un immense et miraculeux succès. C'est lui qui a établi les revenus des hospices et des congrégations hospitalières et autres qu'il a fondés. Ceux qui lui ont succédé dans la direction, n'ont eu qu'à *suivre* et à *percevoir* : ils n'ont rien ajouté ; la quête et les pensions des aliénés riches pour les hospices, la quête et les rétributions mensuelles des enfants riches pour les écoles et le noviciat de Saint-Paul-Trois-Châteaux : la quête faite pour les pauvres ne nuit à personne et entretient la charité publique. Qu'on l'examine bien : jamais personne en France ni dans l'étranger n'avait rendu des services si éminents à l'humanité souffrante.

FR. V., FR. G.

———

Bref du Souverain Pontife Pie VII.

(Traduction.)

PIE VII, P.,

A notre très-cher fils, Hilarion Tissot, de l'ordre de Saint-Jean-de-Dieu.

Cher fils, salut et bénédiction apostolique.

Nous avons reçu avec une douce satisfaction le témoignage de votre dévouement, que vous avez bien voulu nous donner par vos lettres du 25 avril, et nous vous félicitons de ce que l'institut de charité fondé par Jean de Dieu, de très-sainte mémoire, soit par vos soins rétabli en France. Votre œuvre nous est d'autant plus agréable que nous y voyons de grands avantages, non-seulement pour la santé corporelle, mais encore pour le salut spirituel et éternel des fidèles.

Avec le témoignage de notre bienveillance pour vous et pour tous les compagnons de vos travaux, nous vous donnons

de tout notre cœur notre bénédiction apostolique.

Donné à Rome, près Sainte-Marie-Ma-
jeure, le 18 juin 1823. L'an 24 de notre
Pontificat.

Signé RAPHAEL MAZIO,
Secrétaire des saintes lettres latines.

Bref du Souverain Pontife Léon XII.

(Traduction.)

LÉON XII, P.,

A notre très-cher fils Hilarion Tissot, à
Lyon.

Cher fils, salut et bénédiction apostolique.

Les marques d'obéissance et de dévouement envers nous exprimées dans vos lettres
du 19 août, nous les avons reçues avec un
cœur plein de bonté et une entière bienveillance. Votre ordre de Saint-Jean-de-Dieu,
dont nous connaissons la grande utilité pour
la guérison des âmes et des corps, nous
le prenons sous une affection et une pro-

tection particulières. Nous nous réjouissons vivement qu'il soit établi dans le royaume de France , et qu'il y ait de belles espérances que vos travaux et vos soins se propageront chaque jour de plus en plus. Et dans les sentiments d'une affection spéciale pour vous et vos confrères, nous vous donnons de tout notre cœur notre bénédiction apostolique.

Donné à Rome, près Saint-Pierre, le 10 novembre 1824. L'an 2ᵉ de notre Pontificat.

Signé RAPHAEL MAZIO,

Secrétaire des saintes lettres latines.

Lettre de S. Em. le Cardinal Doria-Pamphili, au R. P. Hilarion Tissot, supérieur et fondateur des Frères de Saint-Jean-de-Dieu en France.

Mon révérend Père,

C'est avec la plus grande satisfaction que je viens de recevoir votre très - obligeante lettre du 19 août. Je m'empresse de vous répondre pour vous témoigner la vive joie que j'ai éprouvée en apprenant les succès heureux dont vous vous flattez à l'égard de nouvelles fondations d'hôpitaux, -non-seulement pour la France, mais aussi dans les contrées bien plus éloignées. C'est sans doute le service le plus essentiel que l'on puisse rendre à l'humanité comme à la religion.

Vous sentez bien, mon révérend Père, combien je dois m'intéresser à des espérances si flatteuses, et combien je dois aussi vous estimer pour toutes les peines que vous vous donnez par rapport à cet objet important. Dans ma qualité de supérieur de l'ordre, jouissant en même temps des prérogatives du général, je ne puis pas être indifférent à des résultats aussi positifs.

Je me ferai un devoir d'en instruire au plus tôt notre Très-Saint Père, et je puis vous assurer de son entière satisfaction. Continuez donc, mon révérend Père, votre entreprise, très-utile à tous égards; et soyez persuadé que je serai toujours, avec une parfaite estime,

Mon révérend Père,

Votre très-affectionné

G. Cardinal DORIA-PAMPHILI.

A Rome, le 14 septembre 1824.

Le Préfet du département de la Lozère, chevalier de l'ordre royal de la Légion-d'Honneur,

Au Directeur-général des établissements d'utilité publique, au Ministère de l'Intérieur.

Monsieur le Directeur-général,

Le frère Hilarion (Joseph-Xavier Tissot), de la congrégation de Saint-Jean-de-Dieu, a conçu le projet d'établir dans ce département une maison de refuge pour les aliénés. J'ai calculé l'utilité que cette maison présenterait aux départements voisins et les avantages qui pourraient en résulter pour la Lozère. J'ai vu avec satisfaction que, sans autres ressources que les sentiments *d'une piété ardente*, il a obtenu de la charité publique les moyens de *nourrir, depuis plus d'un an, de vêtir et de soigner environ quarante insensés, et vingt à vingt-cinq frères qu'il a su déterminer à se consacrer à cette œuvre de bienfaisance.*

Plusieurs insensés, *guéris* par les soins attentifs et les bons traitements qu'ils ont reçus, et renvoyés chez leurs parents, ont inspiré une telle confiance, que plusieurs Préfets m'ont écrit et ont envoyé des fous qui troublaient la tranquillité publique.

Je m'applaudis d'avoir concouru à un établissement aussi précieux en faveur d'une classe malheureusement trop nombreuse, et que les administrateurs, faute de moyens, sont obligés d'abandonner au milieu de la société. J'ai attendu la session du Conseil-général avant d'écrire à Son Excellence le Ministre de l'Intérieur et de solliciter les secours du Gouvernement. Je me borne aujourd'hui à réclamer vos bontés et votre appui pour le frère Hilarion, et pour des jeunes frères qu'il a envoyés à Paris pour étudier la chirurgie et la médecine, et acquérir des connaissances nécessaires à l'exécution de ses projets.

Je compte également sur son zèle pour *établir l'instruction primaire qui est toute à créer.* Veuillez l'entendre et prévenir en sa faveur S. E. le Ministre de l'Intérieur.

M. l'Évêque de Mende se joint à moi.

J'ai l'honneur d'être avec une parfaite considération,

Monsieur le Directeur-général,

Votre très-humble et obéissant serviteur.

DE VALDENUIT.

Attestation de M. l'Évêque de Mende.

Nous attestons que le R. frère Hilarion (Joseph-Xavier Tissot) a fondé deux hôpitaux dans mon diocèse, l'un pour les aliénés, l'autre pour les aliénées, et qu'il a sous sa conduite un bon nombre de religieux portant l'habit de l'ordre de la charité de

Saint-Jean-de-Dieu, et suivant la règle et les constitutions du même ordre religieux.

Donné à Mende, en notre palais épiscopal, le 16 août 1822.

Signé CLAUDE-JEAN-JOSEPH,
Évêque de Mende.

Par Monseigneur,

Signé RABEYROLLE,
Chanoine honoraire, Secrétaire, avec le sceau.